EINFACH NUR

MAL SO !

Meine herrlich planlosen ersten Schritte in die Kunst der Improvisation

LUNA SCHNEIDER

Luna Schneider, Bielefeld

Juli 2014

www.singandgroove.de

Herstellung und Verlag:
BoD – Books on Demand,
Norderstedt
ISBN 978-3-7357-5942-9

Wir fragen uns: Wer bin ich denn, dass ich so brillant sein soll?
Aber wer bist du, es nicht zu sein?
Du bist ein Kind Gottes.
Es dient der Welt nicht, wenn du dich klein machst. (...)
Wir wurden geboren, um die Herrlichkeit Gottes, der in uns ist, zu manifestieren.
Er ist nicht nur in einigen von uns, er ist in jedem Einzelnen.
Und wenn wir unser Licht scheinen lassen,
geben wir damit unbewusst anderen die Erlaubnis, es auch zu tun.
Wenn wir von unserer eigenen Angst befreit sind,
befreit unsere Gegenwart automatisch die anderen.
Marianne Williamson
(zitiert von Nelson Mandela)

Anfang

Noch habe ich keine Ahnung, wie man ein Buch schreibt. Noch nicht. Morgen Abend werde ich schlauer sein. Denn morgen Abend soll es schon fertig sein. Einfach nur mal so. Ein Buch schreiben in zwei Tagen. Genau genommen eineinhalb, denn es ist schon Nachmittag.

Jetzt fange ich an. Ahnungslos. Keine Seminare oder Volkshochschulkurse im kreativen Schreiben o.ä.. Kein Vorbild, kein Training, außer Tagebuchschreiben, keine Begleitung durch einen Schreibcoach. Nicht mal gute

Noten im Aufsatz in der Schule.
Nix.

Aus diesem Nichts wird es kommen. Vielleicht. Wenn´s nicht klappt, lebe ich auch weiter.

Der Entschluss fiel vor einer knappen halben Stunde, in einem kleinen Café bei der Lektüre von *Julia Cameron´s* „Walking In This World". Manche Ideen kommen ganz plötzlich und dann ist es schön, wenn man Zeit hat, ihnen zu folgen …

So, das war ein Anfang und schon mal recht flüssig im Bus auf´s Papier gebracht. Habe jetzt einen Platz gefunden, an dem ich für eine gute Stunde weiter ungestört schreiben kann …

Das Thema schwirrt mir schon länger um den Kopf und durch den Bauch und sonstwo herum: Improvisation! Das Schöne und Erleichternde am Tun und Erschaffen im Hier und Jetzt. Für mich heißt das gerade: J e t z t schreibe ich. Jetzt habe ich Lust dazu, bin offen, schalte auf Empfang, auf Flow und Hingabe. Genuss. Ein bisschen Aufregung und Abenteuerlust. Wenn man nicht weiß, was rauskommt, kann das sehr spannend sein. Werde ich Kapitel schreiben? Eine Gliederung v o r w e g e r s t e l l e n , m i t Schwerpunkten, die einen Bogen s p a n n e n , ü b e r m e i n L i e b l i n g s t h e m a ?

Eine Mindmap könnte dabei
helfen, da begebe ich mich gleich
mal dran ….:

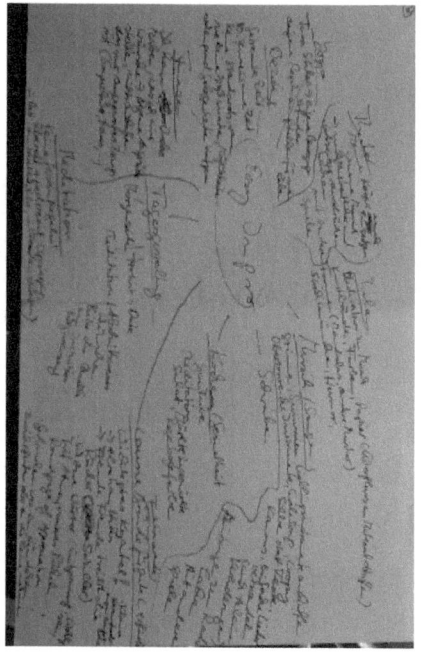

Taramtata !! (Hört ihr die

Fanfare?) Hier kommen die 11
Kapitel für dieses Buch:

**EasyImpro beim
GuteLauneMachen   S.10**

EasyImpro beim Yoga S.17

EasyImpro beim **Meditieren** s.20

EasyImpro in der Küche   S.25

EasyImpro beim Singen   S. 27

EasyImpro beim Malen   S. 36

EasyImpro b. Theaterspielen s.47

EasyImpro b. Schreiben S.51

EasyImpro in d. Finanzen s. 57

**EasyImpro für
Tagesgestaltung und
Lebensplanung   S.61**

Fazit   S. 66

Anhang   S.69

Das wäre schon mal geschafft und die Eifrigkeit nimmt zu, während mein Buch Formen annimmt. Ja, ich freue mich auf jedes Kapitel. Es sind genau die Bereiche, die mich bewegen, tagaus tagein. Für die mein Herz brennt und über die ich euch ellenlange Vorträge halten könnte. (Gott bewahre!)

Kapitel 1: EasyImpro beim Gutelaune- und Mutmachen

Geht es nach Friedrich Schiller, ist dies das wichtigste Kapitel „Freude Freude treibt die Räder .." Stimmt ja auch. Ohne gute Laune läuft es nicht.

In letzter Zeit wird mir erst so richtig bewusst, dass Sich-gute-Laune-zu-Machen eine kreative Kunst ist, der man sich ganz und gar hingeben kann, wie dem Malen eines schönen Bildes oder dem Zubereiten einer leckeren Speise. Ja, man kann sie tatsächlich selber erzeugen!!! Unabhängig davon, was um uns herum passiert und wie andere „drauf" sind. Jaaaa, ich will auf diesem Gebiet ein bisschen herumexperimentieren, meine Zutatenliste erweitern und verfeinern!

Und ich schaue mir da eine Menge ab. Von *Abraham Hicks, Eckart Tolle, Deepak Chopra, Tara Stiles, Lilou Macé* und anderen weisen Menschen. Die Liste ist endlos, für jeden passt ein(e) andere(r). Man kann das sehr gut auf YouTube studieren, Vieles ist in Englisch, aber es gibt auch Bücher dieser Leute, die ins Deutsche übersetzt wurden.

Meine persönliche „Gute-Laune-Tools" sind:

- schöne Wörter oder kleine Sätze aufschreiben, mit denen ich ein gutes Gefühl verbinde.

Momentane Favoriten sind *Entspannung, Wohligsein, Tief Atmen, Inneres Lächeln, Liebe, Loslassen, Vertrauen, Stille, Schönheit, Fließen, ...* es gibt unendlich viele und sie wechseln sich ab. Ich meditiere über diese Wörter (siehe Kapitel 3), das heißt im Wesentlichen spüre ich den angenehmen Gefühlen nach, die der Gedanke an sie in mir auslöst.

- Einem lieben Menschen eine schöne, kleine Überraschung bereiten. Das kann auch einfach ein Anruf oder eine Email sein. Kleiner Aufwand, große Wirkung!

- Fremde Leute anlächeln oder nett mit ihnen plaudern.

- Einen Baum (eine Blume, einen Acker, eine Wiese, einen See, die Wolken …) betrachten und bewundern.

- Einen Baum umarmen oder sich an ihn lehnen und seine Kraft spüren.

- Lustige Videos anschauen. Das ist natürlich Geschmacksache. Für mich persönlich tut es Loriot, z.B. „Das Klavier" oder Helge Schneider. Auch Olli Dittrich alias Dittsche kriegt mich zum Lachen. Die Folgen sind alle auf YouTube. Ich sammle da übrigens noch und bin für Tipps immer aufgeschlossen!

- Mich jeden Tag mindestens einmal fragen: Was ist gerade

mein schönster oder zumindest angenehmster Gedanke ? Den schreibe ich dann vielleicht sogar in mein Tagebuch und erlaube mir, ihn großzügig auszuschmücken. Ein Gedanke, der immer funktioniert, auch wenn ich mich mal hundsmiserabel fühle, ist, dass ich eine Quelle in mir habe, nennen wir es ruhig eine göttliche Quelle, aus der ich mich jederzeit (wirklich jederzeit) stimmungstechnisch und auch sonst speisen kann. Dann singe ich manchmal das Lied „Von guten Mächten wunderbar geborgen", von Dietrich Bonhoeffer oder sowas Ähnliches, Aufbauendes.

- Einen leckeren Salat oder Smoothie zubereiten, an die

frische Luft gehen, ein schönes
Bad nehmen, einen Schluck
Wasser trinken, einmal tief atmen,
singen oder laut „Ha!" machen.
Massagen natürlich, notfalls selber
mit einer passenden
Massagebürste. Und Yoga, aber
dazu komme ich später noch.

- Mir eine Szene vorstellen, in der
ich etwas gut hingekriegt habe..

- 50 Tätigkeiten aufschreiben, die
mir Spaß machen. Wer das gleich
mal ausprobieren möchte, hinten
im Buch lasse ich eine ganze Seite
dafür frei!

- 5 kleine oder große Projekte
aufschreiben, die mich reizen und
die ich bei ausreichend Zeit und
unter günstigen Umständen gerne

ansteuern würde. Ein Projekt
auswählen und anfangen.

Die letzten zwei Tools sind aus
dem Werkzeugschrank von *Julia
Cameron*. Sie haben mich unter
anderem dazu gebracht, mir
Pastellkreide, Acrylfarben, dicke
Filzschreiber und eine
Tapetenrolle zu kaufen, um zu
malen und zu zeichnen. Sie haben
mich dazu gebracht, eine CD mit
eigenen Circlesongs zu
produzieren. Ein Gedicht zu
schreiben, für eine Freundin.
Improtheater zu spielen, zu
stricken. Und dieses Buch zu
schreiben.

2.Kapitel: EasyImpro beim Yoga

Yoga war mir immer zu anspruchsvoll, zu vollgepackt mit Regeln und überhaupt: der Lotussitz ging schon mal gar nicht. Inzwischen erfahre und entdecke ich Yoga ganz neu für mich.

Oh und Yoga tut gut!!! Ich habe noch nie an einem Kurs teilgenommen, nur die Videos aus dem Internet und ein kleines Heftchen aus dem 1-Euro-Laden stehen mir beim *Downwardfacing Dog* zur Seite. Aber wenn ich an einem Kurs teilnehmen würde, dann müsste die Leiterin so wie *Tara Stiles* zum Erfinden eigener Bewegungen und Regeln ermuntern, statt an mir

rumzukriteln und zu biegen.
Warum? Weil ich viele Positionen
nicht hinkriege und dann gerne
etwas Ähnliches auf der Matte
mache, bei dem ich mich gut
fühle, und das dann genießen will,
ohne die Sorge, es nicht richtig zu
machen. Weil ich die vielfältigen
und unzähligen Bewegungen
einfach nur als Anregung nehmen
möchte, mich in alle nur
möglichen Richtungen
auszudehnen, zu erweitern, mich
überraschen zu lassen, meinen
Körper tief atmend neu zu
entdecken und zu formen. Im
eigenen Tempo und auf meine
ganz eigene Weise. Erfinderisch
und spontan. Und mit Humor!

Es ist jetzt inzwischen 19.31 Uhr.
Sitze noch im Buchladen und
schreibe und schreibe und
schreibe … Fühlt sich gut an,
etwas zu tun, was man schon
längst mal vorhatte!
Das Buchladen-Café hat
inzwischen geschlossen, so
langsam geht´s dann doch mal
heimwärts… -

3. Kapitel: EasyImpro beim Meditieren

Szenenwechsel. Neuer Ort, neuer Tag, einfach mal schauen, wie ich in Schwung komme heute. Habe das Kapitel über Meditation heute Morgen spontan eingeschoben, eigentlich sollte „Küche" dran sein. Das Thema „Meditation" tut mir jetzt gerade richtig gut! -

Meditation ist jetzt ein gutes Mittel, um in Fahrt, um in Fluss zu kommen. Doch herrjemine, was kann man alles Schwieriges über Meditation lesen und lernen …. Das hat mich bisher immer davon abgehalten, Meditation wirklich in mein Leben aufzunehmen, wie Essen und Trinken. –

Ich will es unkompliziert:Meditation heißt für mich einfach erstmal nur „Stopp" sagen …

Und dann auch wirklich mit dem aufhören, was ich gerade tue.

Und dann ruhig und tief atmen und meinen Atem spüren. Meinen Körper spüren … wo bin ich entspannt … wo kann ich noch ein bisschen mehr loslassen ….immer tiefer und gleichmäßiger und ruhiger atmen … Meine Gedanken wahrnehmen…. Möglichst nichts bewerten, weder die äußeren Umstände, noch die inneren Gedanken und Gefühle… Sein lassen…. Wahrnehmen und annehmen…. Alles ist, wie es ist,

und es ist gut so. Amen. Oommm
….. Weiter tief und ruhig atmen …

Das reicht eigentlich schon.
Manchmal reichen zwei bis drei
Minuten. Manchmal nehme ich
mir viel Zeit … - Keine festen
Regeln, nur eigene flexible Regeln.
Und an Spezialzutaten wie
Thetawellen-Musik, Klangschalen,
Körperreisen kann man sich ja je
nach Vorliebe auch noch
bedienen. Viel Spielraum und auch
bei mir noch viel Luft nach oben.

Wenn ich Lust habe, stelle ich mir
während der Meditation die schon
erwähnte Lieblingsfrage:
Was ist mein schönster Gedanke
…?

… Die erste spontane Antwort annehmen und in diesem Gedanken baden. Einige Sekunden lang, vielleicht eine ganze Minute nur diesen einen Gedanken auskosten … Bei mir ist es jetzt gerade der Gedanke an das schöne Buch, das heute vielleicht fertig wird und dass es seine Leser inspiriert, ihre gute Laune und Lust auf Improvisation weckt.

Manchmal zieht ein schöner Gedanke gleich eine Salve weiterer schöner Gedanken nach sich und die Meditation wächst sich zu einer verschwenderischen Tagträumerei aus. Köstlich! Wenn nicht, bin ich auf jeden Fall zufriedener, ruhiger, mehr bei mir.

Meditieren geht im Stehen, Liegen und Sitzen, beim Gehen und auch anderen repetitiven Betätigungen. Einfach rumexperimentieren, seine eigenen Meditationsrezepte erfinden. Auf dem Klo klappt es gut, in einer Kirche, in der Natur und selbst in Gesellschaft anderer kann ich mir eine kleine Stillezeit erbitten, in der mich niemand anspricht. Meditation ist einfach zu wohltuend und ich versuche es so konsequent zu tun, wie ich mir zweimal am Tag die Zähne putze. Wie gesagt: ohne feste Form und Regel. So wie es gerade in diesem Moment und an diesem Ort für mich funktioniert.

4.Kapitel: EasyImpro in der Küche

Nichts gegen ein perfekt
gekochtes Menü! Und die
Vorfreude darauf!   Und: Ich bin
seit diesem Sommer Rohkostfreak
und liebe die Vielfalt an Gemüse
und Obst, Pilzen, Nüssen und
Kräutern. Allein die Farben und
Formen! Ohne festes Rezept kann
ich kombinieren und
experimentieren, wie ich will und
erleben ein optisches und
geschmackliches Feuerwerk!

Eine gute Reibe, ein Schälmesser,
vielleicht eine Nussmühle und
einen Pürrierstab plus ein paar
Anregungen aus dem Internet
oder von mir aus auch „Koch" -

büchern für Rohkost – und los
geht die Schnippelei!

5.Kapitel: EasyImpro beim Singen

Singen, vor allem mit anderen zusammen, ist eine der schönsten Sachen der Welt für mich. Ich singe seit meiner Kindheit gerne Kanons. Aus allen Ländern dieser Welt. Das ist so schön einfach und klingt oft berauschend schön!
Ich liebe es, Oldies und alte Schlager zu schmettern, wenn ich in der Laune dazu bin. Ich liebe Mantrasingen! Auch an Opernarien hatte ich schon viel Vergnügen. Jazz, Funk, Soul, …uuuhh!

Und – na klar - meine neueste Leidenschaft ist auch beim Singen: Improvisieren! Aus dem großen Pool von Melodien, Worten oder

einfach Silben schöpfen.
Komponieren, aus dem Stehgreif,
aus dem „La Main". Die Töne,
Silben, Wörter und Sätze fließen
lassen. Ungebremst und frei. Und
sorglos-verspielt. Nichts üben?
Nichts lernen? Gänzlich
unvorbereitet?

Nicht ganz! Es braucht zum
improvisierenden Singen ein
Repertoire von Tonfolgen,
Harmonien, Melodien. Und wenn
ich mit Silben improvisiere oder
Texten, fische ich auch hier aus
einem gut gefüllten Teich.

Aber da hört es auch schon auf.
Jeder von uns hat schließlich ein
Repertoire von Melodien in sich.
Wie groß und vielfältig dieses

Repertoire ist, hängt vor allem davon ab, was wir unseren Ohren so alles anbieten. Es lohnt sich da wirklich, mal den ein oder anderen kleinen Ausflug in unbekannte Genres zu machen. Ist halt wie beim Essen auch: Die Geschmacksnerven freuen sich über abwechslungsreiche Kost!

Kleinere Kinder sind besonders gut im Melodienerfinden und Vorsichhinträllern. Als Erwachsene brauchen wir da manchmal etwas mehr Anlauf. Wenn wir uns trauen, mal etwas Unperfektes zu tun oder sogar richtig albern zu sein, können wir das aber auch. Ein schönes Spiel ist: Einen Zeitungsartikel über irgendwas Belangloses auswählen und mit kräftiger Opernstimme singend vortragen. Da entsteht manchmal wirklich Erstaunliches!

Anregungen für Silben zum Improvisieren findet man im Jazzgesang oder bei Ethnomusik verschiedener naturverbundener Völker, z.B. Indianer. Ich habe gute Erfahrungen mit „Heya" und „Ho" gemacht und natürlich mit „na na na" oder „wee dee dee" oder „dudap". Einfach mal ausprobieren!

Will man lieber mit richtigen Wörtern und Sätzen singen, kann man ein einfaches Lied nehmen, das einem gerade so einfällt und dazu neue Melodien erfinden und Textbruchstücke verarbeiten. Wir hatten im Chor schon phänomenal hochfliegende Momente mit Variationen zu „Heut kommt der Hans zu mir". Das ging dann so:

A.) Alle gehen mit den Füßen im gemeinsamen Tempo einen Beat
B.) Einer singt ein kurzes Sätzchen. Wir hatten z.B. „Der Hans, der Hans, der kann´s!" oder „Er kommt, ja er kommt!"
C.) Das Sätzchen (Pattern) wird von allen oder einer Gruppe immer wieder gesungen, wie in einer Endlosschleife. D.) Ein Zweiter (Dritter, Vierter, ...) Mitsänger erfindet ein weiteres Pattern, das von einer anderen Gruppe wiederholt gesungen wird.
E.) Mehrere Pattern übereinander mehrstimmig gesungen, ergeben

dann einen sogenannten
Circlesong.

Bobby Mc Ferrin ist ein Musiker,
der die Kunst des gemeinsamen
Improvisierens mit Circlesongs
ohne Text, also nur mit Silben,
wunderbar praktiziert und der mir
ihre verbindende Wirkung und die
Leichtigkeit bewusst gemacht hat.

Ich bin glücklich, hier meine
beiden Lieblingszitate von Bobby
Mc Ferrin einfügen zu können:

1.Zitat: *„You get people
together in a room and get
them singing and you instantly
knock down all the walls , the
creeds, the gender, age and
race differences."*

2.Zitat: "*Then I came up with this crazy idea just to walk out on the stage with no band at all and just start singing whatever came to mind. I actually fought the idea for a while because it seemed almost too radical, but it became obvious what I was supposed to be doing.*"

Gesangsimprovisation geht natürlich auch alleine. Hilfreich sind Begleitinstrumente wie Duschwasser, Mixer, Meeresrauschen oder Staubsauger. Auch im Auto geht es bestens, solo oder zu

Radiomusik/CD-Musik. Hier empfehle ich auch schnell mal meine eigene CD *Easy Circles*, zu der man prima mitsingen und – grooven kann.

Was bringt mir das? Für mich bringt es Entspannung, Lachen, albern sein dürfen, ernst sein dürfen, unperfekt sein dürfen, Präsenz, Selbstbewusstsein, Offenheit, Freiheit, Wachheit und Aufmerksamkeit für das, was durch mich hindurchfließen will, was durch mich zum Ausdruck gebracht werden will. Und das beglückende Gefühl, etwas Gemeinsames zu erschaffen, uns aufeinander einzulassen, unsere göttliche Quelle zu spüren. Spielend, vertrauend, schöpferisch

und unabhängig vom Urteil
anderer im Hier und Jetzt zu sein.

6. Kapitel: EasyImpro beim Malen

Maaaaaaaalen … hach … … ! Ein Elixir. Ein ganzes, unendliches Universum! Sooo viele Farben, Formen, Materialien, … du meine Güte, da kommen Worte ja beinahe nicht mehr mit! (Wobei ich gerade feststelle, dass ich das Kapitel über´s Schreiben auch noch vor mir habe, da werde ich vielleicht auf dieselbe Unendlichkeit stoßen, ich ahne es schon!)

Also, wenn ich mir Zeit nehme … - … Malen geht nicht ganz so schnell wie Musik. Ich muss Papier oder etwas Ähnliches organisieren und Stifte oder Farben. Manchmal ist es gut, einen hellen Raum zu haben und eine Wand oder Staffelei.

Letzteres habe ich zum Beispiel nicht. Ich zeichne auf dem Zeichenblock oder lege ein Buch unter das Blatt. Bei größeren Bildern benutze ich meine Tür und beklebe sie meistens mit Tapete oder Packpapier. Wird es feucht oder krümelig oder staubig, lege ich eine Zeitung auf den Teppich davor. Kein Athelier. Aber mein Bett und Küche und Bad ganz in der Nähe - das ist auch sehr schön. Einfach und schön.

Vor allem, wenn ich vorher durch die Gegend ziehe, um mir Anregungen zu holen. *Julia Cameron* hat mich dazu angestiftet, immer mal ein „Artist´s Date" mit mir selber zu unternehmen und mein inneres Künstlerkind irgendwohin nett auszuführen, wo es neue Eindrücke und Ideen sammeln kann. So besuche ich neuerdings von Zeit zu Zeit Kunstausstellungen. Oder die Stadtbibliothek und schaue mir Kunstbände (die mit den großen bunten Bildern) an. Oder Kreativläden, Baumärkte, Bastel- und Schreibwarenabteilungen in Supermärkten. Ein-Euro-Läden. Oder ich gehe in Stadtteilen und Landschaften allein spazieren, auf die ich irgendwie neugierig bin, die mich intuitiv anziehen. Beim Gehen und Gucken kommen dann

oft die Ideen für Projekte, eben
auch für Bilder.

Klar kann ich nicht all das, was da
vor meinem inneren Auge
Fantastisches entsteht, ebenso
fantastisch auf´s Papier bringen.
Nicht 1:1 und manchmal nicht mal
1:5000. Es sind immer nur
Impulse, die aus mir kommen und
die ich dann mit Pinsel, Kreide,
Stift oder was auch immer
umsetze. So gut, wie ich es eben
kann. Mit den mir zu Verfügung
stehenden Mitteln. Schritt für
Schritt, Strich für Strich, Klecks für
Klecks, Linie für Linie, Fläche für
Fläche. Was dabei herauskommt,
nehme ich liebevoll an, manchmal
mit Humor (Ich habe zum Beispiel
eine Tendenz zu seeehr langen

Armen) und mit einer klaren Absage an Perfektionismus, Anspruch auf künstlerische Ernsthaftigkeit, Akribie oder übermäßige Anstrengung. So easy wie möglich.

Irgendeiner meiner Lehrer hat mal gesagt, um etwas gut zu machen, müsse man bereit sein, es erst einmal schlecht zu machen. Und so habe ich eben einfach angefangen! Bei anderen abgeguckt und meine eigenen Malthemen und Zeichenprojekte entwickelt. Der Weg ist das Ziel, ganz klar. Aber über die Produkte, sprich Bilder, freue ich mich auch sehr oft, die habe ich richtig lieb. Vielleicht gerade, weil sie so unperfekt sind …

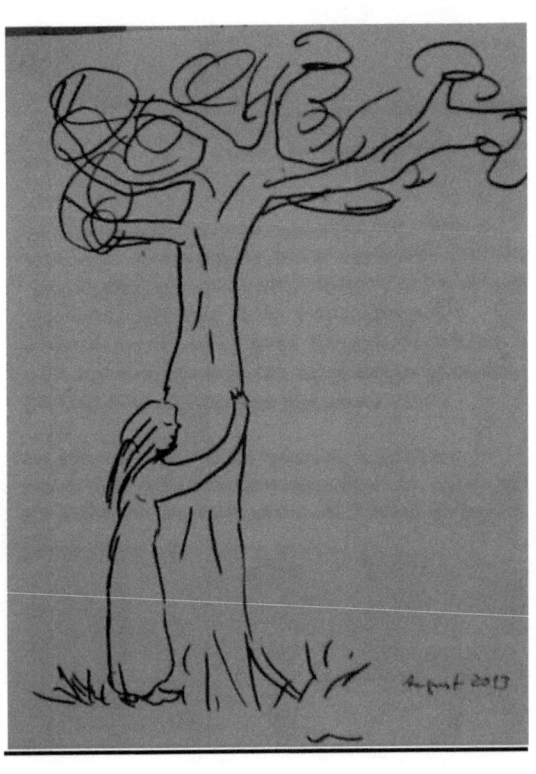

45

7. Kapitel: EasyImpro beim Theaterspielen

Wow! In den letzten beiden Kapiteln bin ich gut in Schwung gekommen. Liegt daran, dass ich Malen und Singen bisher am intensivsten erkundet habe. Bei den beiden nächsten Themen ist das ganz anders, da bin ich noch ein ziemlicher Frischling.

Deshalb mach´ ich jetzt erstmal ´ne Pause. Brauche dringend frische Luft und Bewegung. Es geht auf 17 Uhr zu und der Abend liegt noch vor mir.   Bin gespannt darauf … !

So, einen Spaziergang später sitze ich im Dönerladen und warte auf einen Salatteller. Heute ist es besser, auswärts zu essen, zuhause bin ich vielleicht abgelenkt und ich will noch ein paar Kapitel schreiben, den Schwung ausnutzen, der noch anhält …

Theaterspielen fand ich schon immer eine Herausforderung für mich. Aber das Auswendiglernen hat mich immer abgeschreckt. Nicht so beim Improtheater. Da gibt es keine Texte zu lernen, yeah!!

Es ist so schön ganzheitlich. Körper, Mimik, Stimme – das komplette Instrumentarium, das mir zu Verfügung steht, ausnützen, damit spielen, mich hundertprozentig selbst

ausdrücken, auf´s Ganze gehen,
mein Repertoire erweitern, die
ganze Palette der Gefühle, raus
damit.

Schon die Warmup-Spiele machen
wach, stärken das
Selbstbewusstsein (Yeah, ich habe
Ideen, ich kann auf meinen Fluss
vertrauen, da kommt was aus mir
heraus, sogar ziemlich schnell, ich
brauche gar nicht darüber
nachzudenken). Es sind Spiele.
Und Improtheater ist wirklich
Spielen im besten Sinn. Und
meistens ist es sehr sehr lustig!

Die Auswahl an Spielregeln ist
breit und das ist gut so. So ist für
jeden was dabei, der eine
überschlägt sich fast beim Wörter-

Zuwerfen, der andere blüht auf
beim Gefühle-Spiegeln und wieder
andere entdecken ihr Potential bei
Pantomime-Geschichten oder
beim sogenannten
„Expertenspiel", welches ich sehr
empfehle!

Einfach mal ausprobieren. Man
kann sich da wirklich
weiterentwickeln und ist
anschließend für viele Situationen
im wirklichen Leben gut
präpariert!

8. Kapitel: EasyImpro beim Schreiben

Tja, da wären wir nun angekommen, bei dem, was ich hier gerade tue. ☺

Ich will mal die grundsätzlichen EasyImpro-Einstellungen aufzählen, die sich in den bisherigen Kapiteln herauszuschälen begonnen haben:

A. Wenige oder keine Vorbereitungen, bis auf das gelebte Leben, das was in mir steckt

B. Spielen, Leichtigkeit und Humor statt Perfektion

C. Wachheit und Offenheit

D. Ja sagen! Vertrauensvolles Annehmen der Impulse/der Intuitionen

Was das Schreiben dieses Buches angeht, will ich natürlich von allen vier Einstellungen profitieren.

Bei Punkt A mache ich mir da keine Sorgen, so blind und ahnungslos, wie ich mich hier hinein gestürzt habe. ;)

Für Punkt B gilt das Gleiche. Perfektionismus scheint auch beim Schreiben keine Gefahr für mich darzustellen. Meine Sätze sind sicherlich hin und wieder gruselig verschachtelt und der ganze Schreibstil und auch sonst und überhaupt. Ich suche erst gar nicht nach Fehlern. Es macht Spaß und basta! Sollen doch Profikritiker die Macken finden oder irgendwer sonst. Ist mir jetzt und hier sowas von egal.

An der Spiellust kann ich noch was drehen. Klar genieße ich das Ganze Unternehmen hier mit jeder Faser, machen mir manche Wörter und Formulierungen sehr viel Spaß, aber ich glaube, ich könnte mich noch ein wenig blumiger, bunter, peppiger und vielfältiger ausdrücken. Die schriftstellerischen Gewürzregale haben bestimmt noch viele mir unbekannte Düfte und Nuancen, mit denen man mal so rumspielen kann. Gibt es eigentlich Schreibspiele? Bestimmt. Mal recherchieren … .

So, was haben wir noch … die Wachheit, Punkt C, aaahhh!

Das schwankt! Heute Mittag musste ich erstmal ein bisschen dösen, da ging eine Weile gar nichts. Zwischendurch aufstehen, die Füße vertreten, frische Luft tanken, Meditieren, ein bisschen Yoga (geht sogar auf dem Parkplatz), essen und trinken. Ja, Körper und Geist sollten beim Improvisieren allgemein und beim Schreiben im Besonderen wach sein. Präsent. Empfangsbereit. Und beim Schreiben eines ganzen Buches zu einem Thema, in einem Rutsch, ist es besonders gut, wach zu sein, damit der Bogen gespannt bleibt und der Faden nicht reißt.

Zum Schluss noch die Intuition (D), das Annehmen der göttlichen Impulse. Sie kommen! Das weiß ich vom Singen und vom Malen und vom Improtheater und vom Salatmachen und jetzt auch vom Schreiben. Und beim Gestalten meiner Tage und meines Lebens erwarte ich es auch.

Es ist ein so durchgängiges, in vielen Bereichen gültiges Prinzip, dass ich es auch beim Schreiben hier bisher einfach anwenden konnte – gestern und heute auch. Schreibhemmungen und Blockaden, viel beschrieben und bejammert, hatte ich so gut wie keine!

Das finde ich hocherfreulich! Es lebe die göttliche Quelle, die in jedem von uns sprudelt, in pausenloser Bereitschaft, angezapft zu werden.
Es lebe das ….

„EasyImpro-Prinzip"!!!

Upps, der Laden, in dem ich hier sitze, heißt ja wie ich … ☺

9. Kapitel: EasyImpro in den Finanzen

Manche Menschen behaupten, ohne Geld oder mit wenig Geld zu leben, wäre interessanter, erfüllender, kreativer. Es muss ein Reiz darin liegen, beispielsweise ganz ohne Geld zu verreisen. Couchsurfing, Pilgern ... das könnte mich auch mal locken. Luxushotels können dagegen manchmal stinklangweilig sein. –

Ich bin nicht so für´s Extreme, aber ein bisschen Improvisation macht mir auch beim Geldthema Spaß und lässt mich ungeahnte Möglichkeiten sehen. Eine ordentliche Portion Abenteuerlust steckt da sicherlich auch hinter.

Die kreative Leistung liegt darin, herauszufinden, was uns wirklich ein Gefühl von Reichsein gibt. Bei mir ist das Gefühl dann erreicht, wenn ich ein bequemes Bett, gesundes Essen und Wasser, eine schöne natürliche Umgebung, liebe Mitmenschen und viel frei verfügbare Zeit habe. Wenn ich mich künstlerisch und auch sonst austoben kann. Wenn ich morgens aufwache und weiß: Der Tag gehört mir! Wenn ich mich jeden Tag fühle, als sei ich im Urlaub.

Und wenn ich weiß: Meine Geldvorräte reichen für eine Zeit ohne Einkünfte, sagen wir ein paar Wochen aus. Ich habe lieber mal phasenweise weniger teure Dinge (Auto, große Wohnung, neue

Möbel …) und Luxus (neue Kleidung, teurer Urlaub, teure Freizeitaktivitäten etc.) und dafür viel Zeit, um mich neu zu orientieren. Deshalb ziehe ich es gelegentlich in Erwägung, mein Auto abzuschaffen, meine regelmäßigen Kosten für´s Wohnen etc. vorübergehend zu senken und Job´s nicht anzunehmen, die mir zwar Sicherheit böten, aber mich von den intuitiv wichtigen Dingen abhalten würden.

Das Gefühl, ausreichend finanziell abgesichert zu sein, ist ja sehr individuell und vermutlich nahezu einkommensunabhängig. Geld für die nächsten vier Wochen zu haben, das gibt mir persönlich manchmal Sicherheit genug. An anderen Tagen oder in anderen Situationen wiederum brauche ich mehr Absicherung, möchte ich mich am liebsten in ein stabiles Netz fallen lassen. Es schwankt halt. Und ich will auch in diesem Bereich immer sorgloser agieren, einfach spielen und einfach vertrauen. Das Netz ist ja da!

Womit wir beim letzten Thema wären, für dieses Buch jedenfalls.

10. Kapitel: EasyImpro für meine Tagesgestaltung und Lebensplanung

Wir können gar nicht auf alles vorbereitet sein, was uns das Leben so rein reicht. „Man plans – God laughs", habe ich mal irgendwo aufgeschnappt. Und: „Erstens kommt es anders und zweitens als man denkt". Und da sind wir also gleich bei Punkt A des EasyImpro-Prinzips (Ich glaub´ , ich lass mir das mal patentieren ☺): Keine oder wenig Vorbereitung ist manchmal die beste Vorbereitung! So simpel ist das!

Es wäre eine Illusion zu glauben, wir könnten alles planen, alles beantworten, alles richtig machen, für alles eine Aus- und Fortbildung machen (mit Abschlusszertifikat!) und dann läuft alles nach geplantem Schema ab. Manchmal funktioniert das teilweise und es kann auch Spaß machen, ab und zu so zu leben. In einem gewissen Maße brauche ich das selber wohl auch immer mal. Aber die wirkliche Sicherheit liegt in uns selbst. Den EasyImpro – Anteil meiner Tage hoch zu halten, macht einfach Spaß.

Und Spaß ist die perfekte Überleitung zu Punkt B (Spielen): Ja, ich habe viel mehr Freiheit und Wahlmöglichkeiten, als mir manchmal bewusst ist. Unzählige kleine Minientscheidungen treffe ich täglich. Viele mittelgroße und einige große Entscheidungen färben mein Leben so oder so oder so oder … . Damit kann ich spielen! Ich habe so viele Gestaltungsmöglichkeiten! Jetzt und hier in diesem Moment! Das ist köstlich, göttlich, manchmal unglaublich abenteuerlich! Diese zwei Tage lang spontan mein erstes Buch zu schreiben, ist ein fantastisches Erlebnis! Und es war nur deshalb möglich, weil ich mir auf diese beiden Tage konsequent keine Termine gelegt, mich von Freunden abgemeldet und von inneren Scheinverpflichtungen befreit habe.

In so einer schönen Ausgangssituation bin ich frei, wach und offen (Punkt C) für das, was kommt. Und es kommt. Immer wieder kommt dann hervor, was hervorkommen will, eine Idee, ein Wunsch, irgendetwas Schönes.

Und dann bin ich meiner Intuition gefolgt (Punkt D), habe mich schnell entschieden und „Ja" gesagt. Ein kräftiges „Ja" übrigens, das ich im ganzen Körper spüren konnte, das sich von den Haarspitzen bis zu den Fußsohlen gut angefühlt hat!

So ein „Ja" ist sehr kraftvoll. Da will ich weitermachen: Leicht und sorglos Entscheidungen treffen, erstmal im Kleinen. Zwei Tage sind ein überschaubarer Zeitraum. Mit etwas Übung werden es vielleicht

auch mal wieder größere
Entscheidungen, die dann aber
ebenso leicht gehen dürfen. So
können auch große Ziele, große
Pläne funktionieren, das will ich
hier mal gar nicht bestreiten.
Trotzdem habe ich zur Zeit eben
vor allem Lust auf das Leben, das
gerade j e t z t abläuft. Bis zur
nächsten Kurve will ich gucken
können, was dahinter ist, darf
überraschend sein. ☺

11. Kapitel: Fazit

Es ist vollbracht, es war easy und es hat Spaß gemacht! Es ist 23.10 Uhr, laut „Plan" hätte ich noch 50 Minuten Zeit, aber ich bin schon recht müde. Mein Po tut etwas weh vom Sitzen, aber das tut der allgemeinen Zufriedenheit nur wenig Abbruch. Ich habe das Buch geschrieben, das vermutlich schon länger in mir geschlummert hatte.

Dass dieses Buch selbst auch improvisiert sein würde und dass es so leicht und schnell gehen würde …. – ja, das ist wohl das Überraschendste an der ganzen Geschichte. Wow!

Ich werde jetzt gleich die Augen schließen und das Gefühl

genießen, gewachsen zu sein. Und mir darüber bewusst sein, wie stark und schön die Schöpfungskräfte das Universums sind, die uns tragen, wenn wir das zulassen

12. (Ungeschriebene Kapitel)

EasyImpro beim Reisen, Liebe machen, Gärtnern, Feiern, Tanzen, …. Was fällt euch lieben Lesern noch ein?

Alles Liebe und Namasté!

Eure Luna ☺

Anhang

Hier ein paar Infos zu den Namen und Begriffen, die im Text kursiv gedruckt sind:

Abraham Hicks sind von Esther Hicks gechannelte göttliche Wesen, die wirklich immer gute Ideen haben. Von ihnen stammt das Grundlagenwerk „Das Gesetz der Anziehung".

Eckart Tolle ist ein in Amerika lebender, deutschstämmiger spiritueller Lehrer, der u.a. mit „The Power Of Now" einen Bestsellererfolg hatte.

Deepak Chopra ist ein indischer Arzt, der Spiritualität und ganzheitliche Medizin verbindet. Er sammelt wissenschaftliche

Nachweise für die physiologischen, bzw. materiellen Auswirkungen unserer Gedanken und Gefühle.

Tara Stiles hat auf YouTube viele tolle Yoga-Videos veröffentlicht, die sich sehr gut und undogmatisch anfühlen!

Lilou Macé aus Frankreich reist seit sie 2009 arbeitslos wurde um die Welt und interviewt interessante, inspirierende Menschen. Ihr erstes Buch hieß „I Lost My Job And I Liked It!" Sie wendet das Gesetz der Anziehung seit Jahren erfolgreich an.

Downwardfacing Dog : Eine der häufigsten Körperpositionen beim Yoga.

Platz für 50 Tätigkeiten, die mir Spaß machen ...

1._____

2._____

3._____

4._____

5._____

6._____

7._____

8._____

9._____

10._____

11._____

12._____

13._____

14._____

15._____

16._____

17._____

18._____

19._____

20._____

21._____

22._____

23._____

24._____

25._____

26._____

27._____

28._____

29._____

30._____

31._____

32._____

33._____

34._____

35._____

36._____

37._____

38._____

39._____

40._____

41._____

42._____

43._____

44._____

45._____

46._____

47._____

48._____

49._____

50._____

10 Dinge, die ich als Kind geliebt habe:

1. _____

2. _____

3. _____

4. _____

5. _____

6. _____

7. _____

8. _____

9. _____

10. _____

10 typische Julia Cameron-Tools:

1. Wenn ich genug Geld und Zeit hätte, würde ich

_____

_____

_____

_____

2. Wenn ich mir einen Schubs geben würde, dann könnte ich mal ...

_____

_____

_____

_____

3. Wenn es nicht so verrückt wäre, würde ich …

_____

_____

_____

4. Wenn ich keine Angst vor dem Scheitern hätte, würde ich …

_____

_____

_____

5. Wenn es mir egal wäre, was alle von mir denken, würde ich mal gerne ….

_____

_____

_____

6. Als Kind habe ich immer davon
geträumt …

_____

_____

_____

7. Wenn ich jünger wäre, dann
würde ich mal …

_____

_____

_____

8. Wenn ich älter wäre, dann
würde ich mal …

_____

_____

_____